Le poème secret

Jo Hoestlandt est née en 1948. Mère de trois enfants, elle anime à Rueil-Malmaison des ateliers de lecture et d'écriture pour les enfants. Quand elle était plus jeune, ses parents lui reprochaient de « raconter des histoires ». Ça ne l'a pas découragée. Des histoires, elle en raconte depuis plus de dix ans dans les magazines et les livres de Bayard Jeunesse.

Du même auteur dans Bayard Poche :
La rentrée des mamans (Les belles histoires)
La nuit de la rentrée - Le prince sans rire (Mes premiers J'aime lire)
Émile, bille de clown - Journée poubelle pour Gaëlle - Coup de théâtre à l'école - La maison de mon grand-père - La maîtresse est amoureuse - Tempête à la maison (J'aime lire)

Christophe Merlin est né à Neuilly-sur-Seine en 1966. Après un B.T.S. de dessinateur-maquettiste, il se tourne vers l'illustration dans l'édition, la presse et la publicité.
Ses personnages simples et très caricaturés viennent illustrer albums et couvertures de livres. Il travaille aujourd'hui pour Nathan, Milan, Bayard Éditions Jeunesse, Albin Michel et Casterman.

Dépôt légal : avril 2005
Loi du 16 juillet 1949 sur les publications destinées à la jeunesse.

Le poème secret

Une histoire écrite par Jo Hoestlandt
illustrée par Christophe Merlin

J'AIME LIRE
BAYARD POCHE

1
La mauvaise nouvelle

Quand je suis arrivé chez moi, mon grand frère Jerry, comme d'habitude, était allongé sur le canapé et mâchouillait son chewing-gum. Il avait l'air d'une vache qui rumine dans un pré.

En le poussant à grands coups de fesses pour m'asseoir à côté de lui, j'ai annoncé :

– C'est une catastrophe ! Ma maîtresse va avoir un bébé !

Jerry a ricané :

– Tu as raison ! Il n'y a pas plus grosse catastrophe ! Je me souviens, quand tu es né, ça a été l'horreur !

Jerry fait toujours exprès de ne rien comprendre à ce que je dis. Pour que je me rende bien compte que je suis un minable par rapport à lui ! J'ai répondu en soupirant :

– La catastrophe, ce n'est pas le bébé, idiot, c'est le remplaçant !

Jerry a continué de faire l'ahuri :

– Ah bon ? Le bébé est idiot ? Et il a un remplaçant ?

J'ai respiré un bon coup, comme les grands sportifs, et j'ai essayé d'être clair :

– Ma maîtresse va avoir un bébé ET un remplaçant : il s'appelle monsieur Bonnet et il arrive demain.

– Tiens, c'est rigolo, pour un bébé, de s'appeler monsieur Bonnet !

Alors, là, c'en était trop de la part d'une vache mâchouilleuse ! J'ai voulu lui envoyer un coup de poing, mais il a bondi sur ses pieds et m'a pris les poignets.

J'ai essayé de lui donner un coup de tête dans l'estomac. Mais, en deux ou trois mouvements dont je n'ai pas compris l'enchaînement, j'ai perdu mes lunettes.

Et je me suis retrouvé pieds en l'air et tête en bas. J'ai pleurniché tout de suite pour que ça s'arrête plus vite. Jerry s'est moqué :

– Alors, Robinet, tu coules ?

Je m'appelle Robin, et Jerry aime bien transformer mon prénom. Il m'a lâché, et je suis tombé comme une grosse bouse sur la moquette. J'ai remis ma tête à l'endroit, mes lunettes sur mon nez et ma chemise dans mon pantalon.

Jerry semblait réfléchir :

– Attends un peu. Ce bébé remplaçant qui s'appelle Bonnet, ça me dit quelque chose... J'y suis ! Je l'ai eu, moi aussi ! Mais, tu sais, il a grandi. C'est un gros monsieur maintenant, avec barbe et lunettes ! Il n'est pas méchant. Et c'est un dingue de poésie !

2
Mes débuts de poète

Ça ne m'arrangeait pas trop que monsieur Bonnet soit dingue de poésie. J'avais toujours eu un mal fou à apprendre un poème. Déjà en maternelle, il fallait ânonner* :

– *Trois moutons*
Polissons
Reprisent leurs pantalons...

Moi, je ne voulais pas le dire, je trouvais ça idiot. Et j'étais privé de bonbons à cause de ces saletés de moutons !

* Réciter d'une manière pénible et hésitante.

L'an dernier, on a appris une fable de La Fontaine avec une grenouille qui veut se faire grosse comme un bœuf. À la fin, ce qui doit arriver arrive : cette andouille de grenouille éclate comme un gros chewing-gum. Paf ! Alors moi, j'ai dessiné des bouts de grenouille explosée, et la maîtresse n'a pas apprécié. Bref, la poésie, je n'en ai pas de bons souvenirs.

À table, j'ai expliqué à mes parents :

– Demain, j'aurai un nouveau maître. Jerry l'a eu. Il dit que c'est un dingue de poésie.

Maman a pris un air enchanté :

– Quelle chance ! Toi qui es si rêveur !

Ah bon ? Je suis rêveur ? Moi, j'aurais plutôt dit « cauchemardeur », mais je ne sais pas si ça existe. Maman a continué :

– Quand tu étais petit, tu avais inventé une poésie qui commençait par :

Depuis que je suis né,
Je déteste le poisson pané...

Tu vois que tu t'y connais en poésie !

– Poète ou pas, mange ta soupe ! a dit papa.

J'ai grimacé :

– Il y a trop de poireaux !

Jerry s'est mis à déclamer :

– *Les poireaux,*
Ça fait les biscoteaux.
Si tu les jettes,
Monsieur le poète,
Tu resteras une crevette !

Papa et maman se sont mis à rire. J'ai cherché quoi lui répliquer, mais je n'ai trouvé que « crotte » ! Ça n'était pas très poétique !

Maman a dit :

– Ça suffit !

Et ça a suffi.

3
Monsieur Bonnet

À l'école, le lendemain, on attendait tous monsieur Bonnet avec curiosité. Pour faire le malin, j'ai dit aux autres :

– Vous allez voir, c'est un gros type avec de la barbe et des lunettes !

– Comment tu le sais ? m'ont-ils demandé.

– Je le connais ! me suis-je vanté. C'est un maître qui adore les poésies.

– Oh, non ! a grommelé Medhi. Les poésies, c'est trop cucul ! Ça parle que des petits oiseaux, du soleil couchant et des trucs gnangnan !

– Ça dépend ! dis-je, en pensant à mon poisson pané.

– Tu défends la poésie, toi, maintenant ? s'est étonné Medhi.

Adèle, qui connaît presque tout, a dit :

– Victor Hugo n'a pas écrit que des trucs gnangnan. Il a même fait des poèmes de guerre !

– Ça doit être gai ! s'est exclamé Nicolas.

– Les poètes, a déclaré Adèle, ce ne sont pas des rigolos ! Si tu veux te marrer, alors invite un clown ! Mais, si tu veux rêver, invite un poète !

– J'invite qui je veux ! a grogné Nicolas.

Medhi a rajouté :

– Moi, ce que je préfère, c'est le foot ! Et un poème sur le foot, je n'ai jamais vu ça ! Il y aurait du boulot, pour un poète sportif !

Mais, tout à coup :

– Silence, s'il vous plaît ! Rangez-vous deux par deux.

On était tellement absorbés par la poésie qu'on n'avait pas vu arriver monsieur Bonnet.

Medhi m'a chuchoté :

– Tu es sûr que tu le connais ? Parce que, comme gros type à lunettes, il y a mieux !

Derrière nous se tenait un homme mince, souriant, qui ne portait ni barbe ni lunettes.

Il a dit :

– Je me présente : je suis monsieur Bonnet.

C'était donc bien lui. Il avait dû faire un régime, se raser et mettre des lentilles.

On est rentrés en classe, on s'est assis à nos places.

– Bon, a demandé monsieur Bonnet, par quoi allons-nous commencer ?

On a tous braillé en même temps :

– Une poésie !

Monsieur Bonnet a semblé surpris :

– Quel bel enthousiasme ! Mais j'avais plutôt pensé à une dictée.

4
Une dictée impressionnante

Nous étions tous étonnés que monsieur Bonnet commence par une dictée, puisqu'il était plutôt dingue de poésie. Medhi a demandé :

– Ça parle de p'tits oiseaux et de couchers de soleil, votre dictée, monsieur ?

– Pas vraiment ! a répondu monsieur Bonnet. Ça parle d'un enfant qui a faim. La faim est comme un renard tapi* au fond de son ventre. Quand elle est trop forte, ce renard le mord...

* Un renard caché.

On ne disait plus rien, on était tous très impressionnés. La dictée a commencé.

On n'en avait jamais fait une comme celle-là ! Ça parlait des larmes qui viennent aux yeux des enfants. De la pluie qui n'arrive pas. Ça disait la faim des enfants qui marchent assoiffés dans la poussière. Ça se passait très loin, mais tout à coup, par la magie des mots, ça nous semblait tout près.

On s'attendait presque à voir le terrible vent chaud s'engouffrer dans la classe, et à trouver, sur le seuil la classe, l'enfant qui cachait un renard au creux de son ventre.

La dictée se faisait dans un silence extraordinaire.

Quand monsieur Bonnet a dit : « C'est tout, c'est fini », un gros soupir est sorti de nos poitrines. Je me suis aperçu que, tout le temps de la dictée, j'avais presque oublié de respirer.

Au bout d'un moment, Medhi a demandé :

– Monsieur, ça racontait la vérité vraie ?

– Oui, a répondu le maître.

– C’était triste, a dit Adèle

J’ai ajouté :

– Mais c’était beau aussi. Ça ne rimait pas, mais c’était comme une poésie !

Monsieur Bonnet a expliqué :

– La poésie n’a pas toujours besoin de rimes. Et ça ne raconte pas seulement les couchers de soleil, les petits oiseaux, ou...

– Les grenouilles qui éclatent comme les bombes à eau ! ai-je ajouté, en pensant à la grenouille de l’an dernier.

Tout le monde s'est mis à rire et ça faisait drôlement du bien. Les petits nœuds que les mots de la dictée avaient tissés dans nos cœurs se desserraient d'un seul coup.

Quand le silence est revenu, monsieur Bonnet a dit :

– La poésie, ça peut dire la vérité. C'est peut-être même son principal intérêt ! Si vous voulez, cet après-midi, chacun de vous essaiera de faire un petit poème.

– Oh non, monsieur ! a protesté Medhi. On n'y arrivera jamais ! Il vaut mieux savoir faire des opérations, au moins, ça sert à ne pas se faire arnaquer ! Ou du sport ! Pour courir vite si on veut nous attaquer ! Mais la poésie, à quoi ça sert dans la vie ?

La cloche de la récré a sonné.

Alors, on n'a pas pu savoir à quoi servait la pœsie.

5
L'entraînement

À la cantine, on a commencé à s'entraîner à la poésie. Comme il y avait du poisson pané, j'ai déclamé :

– *Depuis que je suis né*

Je déteste le poisson pané !

– Bof ! a fait Medhi.

J'ai répliqué, vexé :

– Puisque tu es si malin, vas-y, fais de la poésie sur le poisson pané !

– Personne ne t'a demandé d'en faire ! a répliqué Nicolas. Le poisson pané, c'est fait pour être mangé, pas pour être « poété » !

On a tous rigolé. Mais Medhi s'est plaint :

– Il n'y a même pas de citron !

Adèle s'est mise à pouffer :

– Écoutez ce que m'a dit
Monsieur Medhi.
Il veut bien du poisson pané
Mais seulement citronné !

– C'est Medhi qui est citronné ou le poisson ? a demandé Nicolas.

On a tous encore bien rigolé. Décidément, la poésie, c'était chouette ! En regardant son morceau de gruyère, Nicolas a récité :

– *Dans le gruyère, y a des trous*

Tralala itou…

Je l'ai coupé :

– *S'il y a des trous dans le gruyère*

C'est comme dans le derrière

C'est pour laisser passer l'air !

Tout le monde a failli s'étouffer de rire. J'étais très fier de moi.

Au dessert, on était tous déchaînés :

– *La mousse au chocolat*
Faut s'en mettre plein le bidon
Mais pas sur Nicolas !

J'ai hurlé :

– Ça ne va pas ! Il n'y a pas de rime à bidon !

– Ce qui rime avec bidon, c'est toi, espèce de thon ! a crié Nicolas.

Alors la dame de cantine nous a expédiés dans la cour. J'ai dit :

– Il vaut mieux ne pas faire toutes nos poésies maintenant, on n'en aura plus tout à l'heure pour monsieur Bonnet.

Tout le monde a été de mon avis, et on a joué au foot avec le ballon de Nicolas.

6
Pas de vers de mirliton

À la sonnerie, on s'est bousculés pour rentrer en classe, tellement on était impatients.

Nicolas a crié :

– Alors, monsieur, on s'y met, à la poésie ?

– Puisque vous y tenez ! a dit le maître. Mais attention, pas de vers de mirliton !

On est tous restés baba. Adèle a demandé :

– C'est quoi, des vers de mirliton ?

Le maître a répondu :

– Ce sont des vers pour rigoler, mais qui, au fond, ne veulent rien dire du tout. Des idioties… Par exemple…

Évidemment, monsieur Bonnet, qui n'est pas un imbécile, avait du mal à trouver une idiotie. Medhi l'a aidé :

– *Pouêt-pouêt*

Voilà le poète.

– Exactement ! a dit le maître. Essayez de parler, avec les mots les plus justes, les plus beaux, de quelque chose d'important pour vous…

– Même de foot ? a demandé Medhi.

– Oui, a simplement répondu le maître.

Alors on s'y est mis. J'ai commencé à chercher. Déjà, trouver le sujet de ma poésie, ce n'était pas de la tarte.

Je me suis demandé : « Bon, qu'est-ce qui est important pour moi ? Réponse : ma famille. Et surtout mon frère Jerry. Et pourquoi lui ? C'est dur de répondre à ça... Mais je voudrais être sûr que Jerry m'aime. Voilà. » Est-ce que j'allais oser le dire ? Pire ! Est-ce que j'oserais l'écrire ! Et si on se moquait de moi ?

La première chose qui continuait à me venir à l'esprit, c'était : « Depuis que je suis né... »

J'essayais d'oublier la suite avec le poisson pané. J'ai écrit :

Depuis que je suis né
Ce que j'ai vraiment désiré
C'est que mon frère Jerry
Devienne mon meilleur ami...

Est-ce que ça allait ? Comment savoir si ce n'étaient pas des vers de mirliton ?

Je l'ai relu. En tout cas, ça disait la vérité, MA vérité. Je sentais mon cœur se serrer.

Alors, j'ai pensé au renard de la dictée, tapi dans le ventre de l'enfant. J'ai essayé d'imaginer, moi aussi, ce qui me serrait tellement le cœur :

Quand mon frère se moque de moi
C'est comme si un oiseau de proie,
Un oiseau qui ne peut s'envoler,
Serrait mon cœur désolé...
Je voudrais que Jerry m'aime
Voilà, c'est tout mon poème...

J'ai plié ma feuille en deux, en quatre, et puis en huit... J'aurais voulu la faire disparaître, l'avaler, comme les messages secrets...

– Qui veut lire sa poésie ? a demandé le maître.

Je me suis fait tout petit.

– Moi, m'sieur ! a crié Medhi.

Et il a lu :

– *Quand le ballon rond*
Roule sur le gazon
On oublie tout
Et, hop ! du pied, et, hop ! du genou
Le ballon fait le fou
Et roule sur le gazon
Comme un soleil vers l'horizon...

On a tous été stupéfaits.

– C'est très bien ! a dit le maître.

Moi, je trouvais même que c'était parfait ! On a applaudi comme des fous et Medhi est allé se rasseoir, rouge de fierté.

Puis Adèle a lu le sien. Ça commençait par :

– Pour aller à l'école,
Il faut être un peu folle...

Adèle ! La première de la classe ! Ça m'a drôlement étonné ! D'ailleurs tous les poèmes m'ont étonné. Je voyais mes camarades d'un autre œil, comme si une lumière venue de je ne sais où, un instant, les éclairait.

Je n'ai pas lu le mien. Le maître a dit qu'on n'était pas obligés. Mais il a ajouté que la poésie, c'était fait pour être partagé.

Moi, je savais avec qui je souhaitais partager mon poème.

7
Un petit miracle

Je suis rentré chez moi. Jerry était à sa place, sur le canapé. En mâchouillant son chewing-gum, il a dit :

– Salut, Robinocle !

Il m'appelle souvent comme ça, à cause de mes lunettes. Il a ajouté :

– J'ai pensé à toi !

– Ah bon ?

– Oui, a dit Jerry, à cause de ton nouveau maître !

– Monsieur Bonnet ?

– C'est ça ! Monsieur Bonnet ! En fait, c'est monsieur Ponnet qu'il s'appelait, le dingue de poésie que j'ai eu en CM1 ! J'ai confondu ! C'est marrant, non ?

– Tordant ! ai-je dit. Mais, tu sais, monsieur Bonnet aime aussi la poésie. D'ailleurs, on a tous fait un poème !

– Et tu as parlé de quoi, Robiniou ? Du poisson pané ?

– Non, ai-je dit, très digne. J'ai parlé de toi !

Oh, la tête de Jerry ! Il ne s'y attendait pas !

Il a demandé, presque timidement :

– Tu me montres ?

J'avais envie. Et pas envie, en même temps. S'il se moquait de moi, encore une fois ?

– S'il te plaît ! a-t-il ajouté.

Alors je lui ai donné mon poème plié en huit. Et j'ai attendu. Quoi ? Un petit miracle, un tout petit miracle de rien du tout.

Et c'est ce qui est arrivé…

Jerry l'a lu, m'a regardé, et il a dit :

– Je peux le garder ?

– Oui, bien sûr, Jerry, c'est un cadeau pour toi.

– Merci, p'tit frère, a dit Jerry. Je le garderai toujours ! Un poème comme ça, il n'y a qu'un Robin pour m'en faire un !

Je l'ai regardé dans les yeux. J'ai vu que, cette fois, il ne se moquait pas de moi. Alors, je lui ai souri.

Je crois que c'est à ce moment-là que l'oiseau de proie qui me serrait le cœur s'est envolé.

Maudit Manoir

Dans le manoir de Mortelune vit une bande de monstres affreux, méchants et bagarreurs : tu vas les adorer !

Retrouve les héros de Maudit Manoir dans le magazine *Astrapi*.

Achevé d'imprimer en février 2005 par Oberthur Graphique
35000 RENNES – N° Impression : 6234
Imprimé en France